DEUXIÈME LEÇON

SUR LES

INVASIONS GERMANIQUES

EN FRANCE

ATTILA
ET LA BATAILLE DE CHALONS-SUR-MARNE

Par M. COMBES

Professeur d'histoire à la Faculté des Lettres

BORDEAUX

IMPRIMERIE G. GOUNOUILHOU
11, rue Guiraude, 11

1871

ATTILA

ET LA BATAILLE DE CHALONS-SUR-MARNE

EN 451.

Deuxième Leçon de M. COMBES, professeur d'histoire
à la Faculté des Lettres.

MESSIEURS,

En commençant par Attila la longue histoire des invasions germaniques depuis l'établissement des Francs, et plaçant ce nom terrible en tête de la galerie, c'est presque un récit contemporain que je vais faire, à la distance de quatorze siècles, et un tableau vivant que vous croirez voir. Même partie de la France, envahie; mêmes villes, menacées ou prises; mêmes rivières, mêmes chemins, mêmes masses d'hommes, — car tout est facile à qui a le nombre, et l'on a bientôt du génie quand on a la force, — même désolation; enfin, mêmes prophéties, comme on en voit chez tous les peuples aux jours de calamités, mais véridiques pour nos pères et illusoires pour nous; de sorte que les maux présents ne vous sembleront qu'un immense et triste écho, à travers les âges, de souffrances lointaines, bien lointaines, et que nous pensions n'avoir plus jamais à endurer. Je veux le dire immédiatement : nous payons cher aujourd'hui toutes nos fantaisies dynastiques. Quand on veut être une monarchie, qu'on croit y trouver plus de protection et de relief, c'est la vieille que l'on garde, en l'obligeant à marcher et non pas à s'enfuir; ou, si on la chasse, on n'y revient jamais, et l'on se gouverne par soi-même. On est politique et conciliant, ou l'on est conséquent et résolu. Il n'y a de durable que ce qui est ancien, ou ce que l'on veut avec constance. Il faut vivre avec le passé, ou être tout à fait de son temps, comme un peuple assez brave pour se défendre, assez mûr pour se régir. Les dynasties nouvelles ne sont qu'un expédient, et ne valent pas mieux qu'un faux remède, qui allonge la maladie sans la guérir, jusqu'à ce qu'une crise se déclare, et nécessite un palliatif aussi mauvais que le premier. Encore si elles respectaient les traditions dans la politique extérieure, dans ce qui touche à l'indépendance d'un pays que toujours quelque voisin menace. Mais les dynasties improvisées improvisent aussi leur politique, et elles perdent tout, la politique et les dynasties.

Nos pères eurent raison, n'ayant plus de classe moyenne, après l'odieuse fiscalité des empereurs romains, de conserver les rois francs : Mérovée, Clovis, Pépin-le-Bref et Karl, vaillants chefs de la défense nationale contre les invasions des Germains, et comprenant nos intérêts. Et quelle invasion que celle que conduisit Attila ! Quel homme qu'Attila lui-même, avec sa taille ramassée, son front bas, ses yeux arqués, sa moustache effilée et tombante, son bonnet à poils hérissés, son cimeterre à bonne lame et son visage de kalmouck ! Sorti avec les Huns du grand plateau de la Tartarie, dont nous avons parlé jeudi dernier, et ayant devant lui trois empires également beaux et séduisants : la Chine, que la grande muraille défendait déjà, la nouvelle Perse du Tigre et de l'Euphrate, toute peuplée de guerriers, et l'empire grec de Constantinople, démembré de l'empire romain, il donna la préférence au plus divisé et au plus amolli, qui était l'empire grec. Il le tourna par le nord, par la Crimée et les bouches du Danube, associant à son invasion tous les peuples qu'il subjuguait ou qui voulaient le suivre. Rien ne lui manquait. Comme plus tard Pierre-le-Grand en Russie, ou Frédéric II en Prusse, il avait fait venir, des pays voisins, dans son pays sauvage, des ouvriers de toutes sortes, pour avoir des armes et des habillements, des chariots et des munitions, ou avait envoyé chez eux pour s'en fournir. Ainsi, la civilisation alimentait la barbarie et agissait contre soi-même. Son grand ministre, qui dirigeait tout, Onégèse, était grec; son tacticien pour la guerre, Constancius, était romain ; son médecin, Eudoxe, était aussi romain ; et il avait eu quelques professeurs de latin, car il faisait, tant bien que mal, lui tartare et mandchou, des proclamations dans cette belle langue, comme ses successeurs prussiens en façonnent dans la nôtre. Il était fier de ce talent, de ses chevaux, de son sérail, de ses prêtres et de ses devins, du butin déjà fait, des peuples soumis sur son passage jusqu'aux monts Balkans. Il le fut bien davantage, lorsque, ayant laissé de côté Constantinople dont la forte position l'étonna, il parut dans la Germanie, subjugua ou entraîna toutes les tribus et y établit, pour des invasions nouvelles, la plus redoutable unité. Quel camp retranché que celui d'Attila, dans la Hunnie, ou Hongrie d'aujourd'hui ! Quelle tente que la sienne, ornée de cachemires et de tapis ! Quels bains grecs Onégèse lui avait édifiés ! Quels ambassadeurs grecs, romains, barbares, accourus avec des présents, pour le gagner ! L'ambassade de Priscus et sa relation sont connues. Quelle terreur surtout répandue dans l'Occident, en Italie, en Gaule, au fond même de l'Ibérie ! Jusque-là, c'étaient des tribus particulières, des bandes éparpillées de Vandales, de Suèves, de Goths, qui avaient ravagé les belles terres occidentales qu'habitent encore les peuples latins. Maintenant, c'étaient tous ces peuples réunis, une fourmilière d'hommes divers, renforcés de hordes asiatiques et liés, comme elles, à un seul chef par les mêmes penchants ou la même terreur. Il y avait de quoi trembler. Jamais plus grande masse d'envahisseurs, depuis les Perses de Xercès, qui avaient attaqué les brillants peuples grecs. On voyait le Hun noir, au long carquois ; l'Alain, avec sa lance et sa cuirasse en lames de corne ; le Gélon, peint et tatoué, armé de faux et couvert d'une horrible casaque de peau humaine ; le Hun blanc, et sa massue hérissée de pointes ; le Bulgare, et son beau coursier ; l'Hérule agile ; l'Ostrogoth et le Gépide, avec leur grosse infanterie ; enfin, tous les Germains de l'Oder et de la Vistule, avec leur bouclier rond, leur courte épée, leur religion d'Odin, très hostile au christianisme, et leur paradis sanglant où l'on renaissait pour se battre, pour tuer des ennemis, et boire l'hydromel dans un crâne argenté : un vrai paradis de cannibales et une religion de bandits. Au milieu de ce monde affreux, Attila montrait deux choses avec orgueil : il montrait un glaive aigu et consacré, qu'un bouvier tartare avait trouvé planté en terre, et à la possession duquel étaient attachées d'antiques promesses de domination universelle; puis, à son doigt, il faisait voir un riche anneau. Ce n'était rien moins qu'un présent et un gage d'une princesse romaine. — Les goûts les plus étranges se comprennent, quand le dépit les produit. — La propre sœur de l'empereur romain Valentinien III, Honoria, empêchée de se marier par son frère qui se faisait ombrage de tout, s'était offerte à Attila et lui avait envoyé son anneau. Nulle part on n'eût approuvé ces manières, et en Orient moins que partout ailleurs. La réponse se fit attendre. Mais Attila joignait la ruse à la violence, et, un beau jour, c'est-à-dire quand tout fut prêt, dans son camp de Hongrie, pour les invasions projetées : « Donnez-moi votre sœur Honoria, écrivit-il à Valentinien, et la moitié de votre empire, sinon préparez-vous à me résister. » On avait marié la folle jeune fille, dont l'engagement secret avait transpiré, et il fallut songer à la guerre.

Six cent mille hommes s'ébranlèrent dans la Hongrie et dans la Germanie et se donnèrent rendez-vous à la Forêt Noire, qui s'appelait alors la Forêt Hercynienne, se préparant à passer le Rhin. On les attendait en Italie; c'est sur la Gaule et sur nous qu'ils se jetèrent. Ils commençaient par le haut, pour descendre ensuite et envelopper l'Occident. Mais l'Occident et ses habitants les plus reculés ne firent pas comme certains peuples de nos jours, qui ne croiront au danger que lorsqu'il sera venu. Ils savaient qu'il vaut mieux prévenir que guérir; que le plus sûr n'est pas le courage qui combat, mais la prévoyance qui arrête; et, de plus, qu'au nombre il fallait opposer le nombre; à la coalition, une coalition aussi forte; à une masse compacte, des masses plus compactes encore ; au Germain doublé du Tartare, comme le seraient les Prussiens aidés de la Moscovie, des Latins bien unis et capables de vaincre. Tous les peuples nouveaux, qui avaient pris déjà possession en Gaule et adopté plus ou moins la langue et la civilisation latines, les Francs de Mérovée, qui étaient en Belgique, les Burgondes ou Bourguignons de Dijon, de Genève, de Lyon, les Visigoths de Toulouse, de Tours, de Bordeaux, qui étaient les plus latins et qui régnaient aussi en Espagne, se joignirent aux Gaulois; et, de son côté, l'empereur Valentinien, simple roi d'Italie plutôt qu'empereur romain, n'attendit pas derrière les Alpes le flot de l'invasion, mais envoya Aétius pour l'arrêter en Gaule. On vit même du fond de l'Armorique, où les vagues ne semblaient pas devoir arriver, accourir avec leurs rois des milliers de Bretons, et apporter à la défense l'indomptable bravoure qu'ils montrent de nos jours et qui ne se dément jamais.

Ainsi, nos pères ou nos devanciers, dans la Gaule et dans l'Occident, moins égoïstes et plus prudents que nos contemporains, s'unirent vite pour la résistance. Et certains n'auraient pas manqué de bons prétextes pour s'abstenir, pour garder une neutralité expectante. On a toujours des raisons pour s'isoler, quand on refuse de combattre. Attila faisait dire partout, et en latin, qu'il n'en voulait qu'aux Visigoths de l'Aquitaine et de l'Espagne, sujets rebelles, écrivait-il, de l'empire romain, et, sans doute, de sa fiancée Honoria, qu'il réclamait toujours. Une si noble main valait bien un divorce. On ne le crut point; il y perdit sa peine, et aussi son latin.

Il se trompa également sur les dispositions des Gallo-romains entre Orléans et Paris; car, pour compléter la ressemblance avec nos temps, il y avait là, dans les vastes plaines de la Beauce et sous le joug d'une aristocratie sénatoriale, des paysans mécontents et des esclaves qui souffraient, tout un parti démocratique qui s'était déjà révolté sous le nom de *Bagaudes*, et qui avait des appuis dans les classes libérales et aisées. Eudoxe, le médecin Eudoxe que nous avons nommé, avait été le chef de la bagaudie d'Orléans, et il revenait, haineux émigré, pour exciter de nouveaux troubles et tout livrer à l'étranger. Mais personne ne bougea. L'invasion et le danger firent taire les rancunes. Propriétaires et ouvriers, nobles et paysans, esclaves mêmes, pour qui, ce semble, il n'est point de patrie, chacun ne pensa qu'à son devoir. Grande leçon et grand exemple pour la postérité!

Tout tombait sous les coups des Barbares, au centre et au nord du pays. Une armée prit Bâle, Colmar, Strasbourg, Besançon, et s'avança au cœur de la Bourgogne, pendant qu'une autre armée, avec Attila en personne, descendait le Rhin, tournait brusquement à gauche, et attaquait, sur la Moselle, une ville déjà forte sur les frontières des Germains, la même ville où naguère, sans bombardement, sans sortie, et comme pour ôter à la France sa dernière armée en haine des hommes qui nous gouvernent, ont été livrées à l'étranger des troupes qui nous seraient si nécessaires. Metz du moins fut bombardé par Attila, et pourtant il ne se rendit pas. Attila fatigué, voulant aller vite et n'aimant pas les longs siéges, se retirait sur Reims, quand on vint lui dire en chemin qu'un pan de muraille, fortement ébranlé par les balistes et les gros boulets de granit, s'était écroulé. Il revint doucement sur ses pas, arriva de nuit, le 7 avril, la veille de Pâques, quand fidèles et clergé pensaient à la fête du lendemain et au *Te Deum* de la délivrance. Tout fut pris, tué, saccagé. Le clergé, qui s'était montré ardent à la défense, fut massacré dans l'église, et l'évêque amené captif. Les Germains furent plus durs que les Huns ; ils n'épargnèrent ni les femmes, ni les enfants, ni les vieillards, à tel point que, plus tard, les fils de Clovis, nous dit Grégoire de Tours, voulant exciter à la vengeance ce qui restait d'hommes en ce pays, rappelaient dans leurs discours ces atroces violences : *Recolite Germanos super parentes vestros violenter advenisse.*

Après cette exécution, Laon, Reims, Saint-Quentin, furent pris et pillés comme aujourd'hui. A Reims surtout, le carnage fut égal à la résistance. Les peureux et les faibles s'étaient réfugiés dans les bois, alors très nombreux dans la Gaule. Quelques hommes résolus, avec les prêtres encore, avec Nicaise leur évêque, avec Eutropie, sœur de l'évêque, étaient seuls restés. Pas un d'eux n'échappa. L'évêque, en haranguant les Barbares devant sa cathédrale, eut la gorge coupée. Eutropie, qui était jeune et belle, voyant près d'elle, dans le tumulte, un Vandale et son horrible main, lui donna un soufflet et se fit hâcher. Le vestibule de l'église fut bientôt une mare de sang.

La terreur gagna les villes d'alentour, et à Paris, où éclate aujourd'hui tant de patriotisme et de courage, on ne voulait pas, comme à Reims, envoyer dans les bois ceux qui ne pouvaient se défendre; on voulait faire mieux, se sauver en masse et partir dans les carrières ou dans les bois. De nombreux bateaux étaient prêts sur les deux bras de la Seine qui enfermaient alors tout Paris; des meubles, des provisions étaient déjà embarqués. Une femme retint cette population effarée, une sainte et courageuse femme, bien connue dans Paris par son jugement, sa vertu, ses relations pieuses avec les plus fermes et les plus grands des évêques de la contrée, et par sa perspicacité à lire dans l'avenir : c'était Geneviève de Nanterre, issue de riches fermiers, ayant peut-être gardé les brebis par humilité dans son enfance, quoique la légende n'en parle point, et alors à Paris auprès de sa tante, avec de jeunes filles qui suivaient comme elle une règle austère. Paris déjà lui devait beaucoup. Avec ses propres dons et ceux qu'elle put recueillir, elle avait élevé un sanctuaire, enrichi de belles peintures, à saint Denys et à ses compagnons, sur la butte Montmartre ou la butte des Martyrs, et c'est alors qu'on avait découvert, sous les bois qui les cachaient, les belles carrières de Montmartre. Dans une famine ou dans un siége, à la suite d'une autre incursion des Germains, elle avait fait venir elle-même douze barques chargées de vivres pour nourrir les Parisiens. Faits réels et incontestés, histoire véritable qui se détache de sa légende, et qui peut donner une idée de son influence et de son autorité. Elle dit aux hommes que Paris ne serait pas assiégé, qu'ils périraient dans les carrières et les bois, et qu'en tout cas, une fois sortis lâchement de leur ville, ils n'y pourraient rentrer, parce que, abandonnée et déserte, elle serait occupée, sans doute à cause de son heureuse situation entre deux bras de la Seine, et de la partie haute, où se trouvaient le palais des Thermes, les arènes, retrouvées de nos jours, et quelques fortifications. La peur n'écoute rien. Les hommes renvoyèrent Geneviève avec de gros mots. Elle s'adressa aux femmes; elle les attira dans l'église de Saint-Étienne, qui n'est pas celle d'aujourd'hui, et qui était dans le bas de la ville; elle les exhorta, elle leur cita Esther et Judith, elle les gagna; puis elle les enferma dans le baptistère, et quand les hommes vinrent pour les chercher, ils les trouvèrent barricadées. Je vous laisse à penser ce qu'on réservait à Geneviève. Les uns parlaient de la lapider ; les autres, de la jeter dans la Seine et de la noyer. Elle entendait tout, et elle ne céda point.

D'où lui venait tant d'assurance et d'opiniâtreté ? Elle avait alors une trentaine d'années. C'était une femme très considérée pour sa haute vertu et ses lumières. Sa réputation s'étendait au loin. Au fond même de la Palestine, saint Simon-le-Stylitte, l'étrange ermite de la colonne et le Diogène chrétien, demandait de ses nouvelles aux pèlerins gaulois et aux curieux que lui-même attirait. Elle recevait journellement des visites du clergé, des évêques, tels que saint Germain d'Auxerre et saint Loup de Troyes, grands prédicateurs en Gaule et en Bretagne, protecteurs de son enfance, et qui lui envoyaient souvent des *eulogies*, c'est à dire des morceaux de pain que leurs mains avaient bénis. Eh bien, par eux ou leurs envoyés, elle devait être au courant, j'imagine, de la marche des Barbares ; ce qui ne diminue rien de son mérite et de ses heureuses inspirations, en leur donnant pour base les qualités les plus nécessaires au patriotisme, la vigilance et l'investigation. Une chose nous confirme dans cette idée, c'est qu'un prêtre d'Auxerre fut précisément le messager qui vint dire aux Parisiens qu'Attila se dirigeait du côté d'Auxerre, d'où lui-même s'était enfui, et que Paris sans doute serait sauvé. Il le fut en effet, et puisse le souvenir de l'intrépide et sainte fille, dans une cité plus maltraitée que de son temps et autrement importante, réchauffer encore les courages ! Puisse également, s'il y a un lien après la mort entre le ciel et la terre, et des champs-élysées pour les grandes âmes, puisse l'heureux don de sa fermeté patriotique nous aider à sauver ce qu'elle a aimé, et dont on peut dire avec le poète :

> Oui, si jamais Paris descendait au cercueil,
> L'univers tout entier en porterait le deuil !

Les Barbares le laissèrent à gauche. Ils avaient hâte, comme ils l'ont fait aujourd'hui, d'occuper Orléans, et d'opérer leur jonction avec leur armée de Bourgogne. Mais Orléans avait aussi, à cette époque, un évêque éloquent et courageux, Anianus ou Aignan, dont on a fait, avec tant d'autres, un des demi-dieux du christianisme pour immortaliser son dévouement à la patrie. Aëtius rassemblait ses légions d'Italie, et il n'avait pas encore dépassé la Provence. Orléans, quoique ville d'intérieur, possédait des travaux de défense, comme nous serons obligés d'en rétablir pour rendre les invasions plus difficiles. Il y avait des vivres, une population bien décidée. Mais si personne ne venait au secours, Orléans devait tôt ou tard être la proie des Germains et des Huns. Ville assiégée, ville prise.

On était au commencement de mai. Aignan partit pour Arles, capitale romaine des Gaules, où était Aëtius. Il y trouva des troupes italiennes, une armée d'Espagnols, de Gaulois, de Bourguignons et de Goths, qui grossissait tous les jours. Il parla des Francs de Mérovée, qui attendaient au nord, et viendraient se joindre à l'armée de la délivrance. Il ajouta qu'Orléans pouvait tenir jusqu'au 14 juin, mais que, passé ce jour, la ville était perdue. Il s'en revint avec une bonne réponse, et le siège d'Orléans commença peu après son retour. Les balistes, les matières inflammables, tout fut employé contre les remparts et les maisons. Les Orléanais tinrent bon. Mais au mois de juin, rien n'était encore arrivé de la Provence.

Il fallait du temps, pour réunir, équiper, mouvoir 600 mille libérateurs; nous le savons, nous pourtant qui avons des voies nouvelles et plus rapides. « Ne désespérez pas, disait l'évêque aux assiégés. J'ai la parole du préfet du prétoire; il viendra. » Et chaque jour, sur les remparts, *de muro civitatis*, dit Grégoire de Tours, il regardait si le secours de Dieu arrivait, *si misericordia Dei succurrat*, comme le répétait dans la même ville un autre prélat populaire, avant notre bataille de Coulmiers. Le jour fatal approchait, les vivres manquaient, la population était à bout de courage et de forces, et rien au loin ne paraissait. Le 13 juin, on décida de se rendre, et l'on dit à l'évêque, avec insulte et dédain : « Vous nous avez entretenus dans » l'illusion; vous êtes cause de nos malheurs... Allez au camp » d'Attila nous obtenir des conditions favorables; car, sans » doute, vous lui teniez la main. » Il partit, il pria; mais la seule réponse du barbare, c'est qu'il fallait se rendre à discrétion. Grande fureur; mais que faire ? Le lendemain, 14, les portes furent ouvertes, les barbares entrèrent avec leurs fanfares dissonnantes, et ils se partageaient déjà les quartiers de la ville pour la piller, quand tout à coup une voix s'écria : « Nous sommes cernés; Aëtius arrive, et il est là. » En effet, c'était lui, arrivé à point nommé. Des bataillons lui firent résistance sur les rives de la Loire; il les vainquit, et alors, dès que la nuit fut venue, Attila évacua Orléans sans nulle honte, et gagna, près de la Marne, les plaines de Châlons. Vous le voyez, mêmes péripéties au V° siècle qu'aujourd'hui; seulement, Orléans, une fois repris, ne sortit point des mains libératrices, pas plus qu'il n'échappa des mains de Jeanne d'Arc, et nous avons jusqu'ici, avec le même patriotisme, moins de chances que nos aïeux. C'est qu'avant d'affronter les batailles, ils étaient bien armés; c'est qu'ils avaient le nombre, et que nous, sauf à Paris, nous ne l'avons jamais.

Les voilà donc qui poussent les barbares, sous un chef heureux, et qui vont les rejoindre au camp retranché qu'Attila s'est construit au plus tôt près de Châlons, dans les mêmes plaines où nous espérions, il y a deux mois, notre délivrance. Attila ne s'était pas attardé à piller. En passant à Troyes, il rencontra saint Loup qui en était évêque.

Les évêques exerçaient depuis quelque temps la charge municipale de *défenseur de la cité*, et ils s'en acquittaient fort bien. « Tu veux que j'épargne ta ville ? dit Attila à saint Loup. » Eh bien ! je ne la pillerai pas; mais tu vas venir avec moi, » jusqu'à ce que je repasse le Rhin, s'il faut que je le repasse. » Un si saint homme, ajouta-t-il avec ironie, ne peut que me » porter bonheur. » Plus loin, dans un lieu sauvage, c'est un vieil ermite qu'il trouva, et auquel il demanda ce que le ciel lui réservait. « Tu es le fléau de Dieu, lui répondit l'anacho- » rète; mais Dieu brise, quand il lui plaît, les instruments de » sa colère, et ton jour est venu. » Attila ne châtia point cette hardiesse; mais arrivé à Châlons, et après avoir élevé son camp retranché, il se plaça au fond de sa tente sur un escabeau d'argent et d'or, et là, au milieu de flambeaux lugubres, il appela ses prêtres et ses devins. Tous lui prédirent sa défaite, et ils le virent consterné; mais ils lui annoncèrent que le chef ennemi serait tué, et son espoir se releva. Rien n'est accommodant comme les prophètes et les oracles. On se battit, 600 mille contre 600 mille. Mêlée immense et carnage affreux.

La petite rivière de La Vesle roulait des flots de sang. Il y eut 160 mille morts, et parmi eux, en effet, un chef; mais c'était le vieux roi des Visigoths d'Occitanie et d'Espagne; ce n'était point Aétius, qui, au contraire, plein de vie et secondé par les Francs de Mérovée et leurs terribles haches d'armes, tourna Attila et l'obligea de se replier en désordre dans son camp retranché. La nuit vint, et on se sépara, mais sans chanter victoire. On s'attendait même à une reprise d'armes le lendemain, et l'on était silencieux, inquiet, prêt à se battre, lorsqu'au loin, dit une tradition, sur un tas de matières combustibles, selles ou harnais, et une torche ardente à la main, on crut reconnaître Attila. Ce qui est plus certain, c'est que, sans relâcher saint Loup, il regagna tranquillement les bords du Rhin, et alors la Gaule respira. Un long cri d'allégresse et de salut se fit entendre d'un bout du pays à l'autre, semblable à celui qui jaillira de nos poitrines, lorsque enfin, sans les prophètes, mais non sans Dieu et notre courage, la pauvre France sera sauvée.

Revoyons-la sous Frédégonde, sous une simple femme, et dans une nouvelle invasion. Ce sera le sujet de notre prochain entretien.

Sources : Grégoire de Tours, *Histoire ecclés. des Francs*; Bollandistes, *Vie de Sainte Geneviève de Nanterre, de Saint Nicaise, d'Eutropie, de Saint Aignan, de Saint Loup*; Jornandès, *Histoire des Goths*; parmi les modernes, Amédée Thierry : *Histoire d'Attila et de ses successeurs*.

www.ingramcontent.com/pod-product-compliance
Lightning Source LLC
Chambersburg PA
CBHW071423060426
42450CB00009BA/1988